浙江省教育厅教研室　组织研制

张　丰　管光海　总主编

项目化学习
慕课研修手册

本册主编 / 郭红梅

JIAOTONG GONGJU
KUANGXIANGQU

交通工具
狂想曲

—— 基于有效合作的
项目化学习

JIYU YOUXIAO HEZUO DE
XIANGMUHUA XUEXI

教育科学出版社
·北京·

出 版 人　郑豪杰
策划编辑　池春燕　殷　欢
项目统筹　殷　欢
责任编辑　颜　晴
版式设计　锋尚设计　孙欢欢
责任校对　白　媛
责任印制　叶小峰

图书在版编目（CIP）数据

交通工具狂想曲：基于有效合作的项目化学习 / 郭
红梅主编 . — 北京：教育科学出版社，2024.6
　　（项目化学习慕课研修手册 / 张丰，管光海总主编）
　　ISBN 978-7-5191-3754-0

　　Ⅰ . ①交…　Ⅱ . ①郭…　Ⅲ . ①科学知识－课堂教学－
教学研究－中小学　Ⅳ . ① G633.72

中国国家版本馆 CIP 数据核字（2024）第 070627 号

项目化学习慕课研修手册
交通工具狂想曲——基于有效合作的项目化学习
JIAOTONG GONGJU KUANGXIANGQU——JIYU YOUXIAO HEZUO DE XIANGMUHUA XUEXI

出 版 发 行	教育科学出版社			
社　　　址	北京·朝阳区安慧北里安园甲 9 号	邮　　编	100101	
总编室电话	010-64981290	编辑部电话	010-64981265	
出版部电话	010-64989487	市场部电话	010-64989009	
传　　真	010-64891796	网　址	http://www.esph.com.cn	

经　　销	各地新华书店			
制　　作	北京锋尚制版有限公司			
印　　刷	北京市大天乐投资管理有限公司			
开　　本	889 毫米 ×1194 毫米　1/20	版　次	2024 年 6 月第 1 版	
印　　张	4.6	印　次	2024 年 6 月第 1 次印刷	
字　　数	62 千	定　价	20.00 元	

编委会

总 主 编：张　丰　管光海

本册主编：郭红梅

参 编 者：朱海粟　李冬融

　　　　　余辛怡　季　旸

目录

码 上 学 习

扫码进入本书慕课

前言

项目化学习：教师研修的学习设计

　　《中共中央 国务院关于深化教育教学改革全面提高义务教育质量的意见》指出："着力培养认知能力，促进思维发展，激发创新意识。……探索基于学科的课程综合化教学，开展研究型、项目化、合作式学习。"项目化学习正是综合体现上述精神的学习活动。它既是落实跨学科学习的重要形式，也是改进学科教学的新的突破口。2022 年教育部颁布义务教育课程方案，提出"坚持素养导向，强化学科实践，推进综合学习"，强调积极开展项目化学习等综合性教学活动。浙江省自 2016 年启动 STEAM 教育探索以来，逐渐聚焦项目化学习。2020 年，浙江省教育厅教研室策划开展"防疫情"项目化学习案例征集、"项目化学习网络公开课"、"项目化学习博览会"等系列活动，奏响了项目化学习推进"三部曲"。

　　"项目化学习网络公开课"是一次组织严密、专业深入、参与面广、关注度高的教研活动，其目的是让老师们有机会解构多类型的项目化学习与指导的过程。活动前期，我们先就项目化学习关键要素进行研究，提炼了素养导向、真实情境、真实实践、高阶认知和真实评价等要素，然后面向全省征集展示项目，要求参展项目充分体现这些关键要素，且是学校已经实施过、较为成熟、具有推广价值的项目。最终确定的各具特色的 8 个项目于 2020 年 9 月 21—25 日通过中国教研网进行了为期一周的现场直播展示。这是浙江省聚焦项目化学习，探索素养立意的新学习形态的标志性活动。8 所展示学校均建构了较为成熟的项目化学习活动组织与指导模式，为全省乃至全国项目化学习的推广提供了参考，为项目化学习的推进奠定了基础。本次活动完整保留了 8 个项目的现场资料，包括教学课件、教学设计、课程资源包、学生学习手册、教师观课手册、直播视频等。这些资料弥足珍贵，也是研究项目化学习设计与实施的有效素材。

项目化学习慕课的开发创意源于基于网络公开课的项目化学习校本研修。此前，老师们要用 10 余个小时才能看完一个完整的项目。如何提高教师研修的效率？如何给教师更有针对性的引导？我们选择了 3 个较为典型的项目（分别体现课程标准、有效合作、设计思维），以项目进程为序，以关键要点为纲设计 5—7 节微课，结合视频讲解和提示，帮助教师准确有效地理解项目化学习设计与实施的方法要领。不过，对初级入门的教师来说，光看典型项目剖析还不够，还需要建立起对项目化学习的整体理解，以及对关键问题的准确把握。于是，我们通过文献研究以及对一线教师的需求分析，确定了项目化学习设计与实施的 6 个关键问题，开发相应的慕课，涉及主题包括驱动性问题、项目任务、高阶思维、学习支架、组织策略、评价量表等，最终形成第一系列"聚焦关键问题的项目化学习慕课"（6 门），以及第二系列"基于典型案例的项目化学习慕课"（3 门），共有微课 43 节。

项目化学习慕课研修手册（以下简称"研修手册"）的开发启动于2021 年 3 月。我们于 6 月底完成慕课测试版上线，10 月底完成慕课修订与研修手册的编写，短短半年的开发过程也一样经历了确定研修主题、研发研修课程纲要、分析网络公开课视频、拍摄慕课、研制研修手册以及建设配套资源等多个细致环节。

此次出版的"项目化学习慕课研修手册"丛书包括上述两个系列的9 门慕课以及相配套的 9 本研修手册，构成"资源 + 支架"的学习设计。具体如下。

第一系列：聚焦关键问题的项目化学习慕课

慕课1——"如何设计驱动性问题"（含研修手册，下同）。包括驱动性问题的含义、类型、特点、设计及使用，系统梳理了驱动性问题的设计要点。

慕课2——"如何基于驱动性问题设计项目任务"。包括任务及任务的类型、核心任务的标准、核心任务的设计、支持性活动的设计、任务管理的设计，阐述了驱动性问题、核心任务、支持性活动三者之间的关联以及核心任务、支持性活动的设计方法。

慕课3——"如何培养学生的高阶思维"。以布卢姆教育目标分类学中的高阶思维为参考，在总体介绍判断认知层级的两种常见方法的基础上，具体介绍分析、评价、创造三种高阶思维的概念内涵及培养策略。

慕课4——"项目化学习中的学习支架"。介绍了学习支架的来源、定义、类型，并结合项目启动、实施、成果展示三个阶段说明不同支架的作用、使用流程、操作要点等。

慕课5——"项目化学习的组织策略"。介绍了组织策略的分类，并提供了10余个组织策略的基本概念、使用方法、操作流程等。

慕课6——"项目化学习评价量表的设计与应用"。介绍了项目化学习中表现性评价量表的结构、维度、尺度等的设计与应用。

第二系列：基于典型案例的项目化学习慕课

慕课7——"智能门禁系统的设计与制作——基于课程标准的项目化学习"。以智能门禁系统的设计与制作为例，介绍了基于课程标准设计项目、设计驱动性问题、创设学习任务、提供支持性活动、成果展示与交流、项目管理六个方面的内容。

慕课8——"交通工具狂想曲——基于有效合作的项目化学习"。以交通工具的设计为例，介绍了驱动性问题的提出、拼图合作学习的组织、项目产品的有效设计与改进、模型的制作与测试、学习成果的展示与评价五个方面的内容。

慕课9——"婴儿产品改进设计——基于设计思维的项目化学习"。以婴儿产品改进设计为例，探索基于设计思维的项目化学习如何开展，将设计思维的内涵、价值嵌入项目化学习中，呈现了基于设计思维的项目化学习开展过程中教师的具体指导策略与方法。

在研修手册中，每一课都设置了"学习地图""研修目标""核心概念""课程内容""拓展阅读""延伸任务"六大板块，在课程内容部分还设置了"思考""任务"等小栏目，为研修者提供引导任务与思维支架。

综合来看，本套研修手册有以下三个方面的特点。

一是注重理例结合。9门慕课及配套的研修手册以项目化学习的设计与实施为主线，围绕项目化学习实践中的关键问题，结合真实课例进行阐释与分析。读者无论从第一系列的关键问题切入，还是从第二系列的典型案例开始，都能从理例结合的辅导中掌握项目化学习实践的方法与要义。

二是注重任务驱动。成年人的学习应该是结合实践的反思与体验，光阅读与观看未必能形成真正的能力。本套研修手册十分注重读者参与的交互性设计，读者在阅读研修手册、观看慕课视频的同时，可随着主题引导下循序渐进的任务，经历思考与探索的过程，在反思与体验中自然进步。

三是注重过程生成。本套研修手册基于实践开发，汇集了一线教师项目化学习实践中关心的问题、解决问题的方法。这些问题与方法不是静态的知识，它们能为进一步发现问题、提出解决方案提供对话和探究的基础。如果你还没有经历过项目化学习实践，阅读本套研修手册有助于你了解实践中的问题并思考更多问题；如果你已经是项目化学习的实践者，阅读这套书可能会产生很多的共鸣，并不断思考自己在实践中的解决方案。

本套研修手册是基层教研员与骨干教师协作完成的作品。慕课1、慕课2由浙江省杭州市拱墅区教育研究院卢夏萍主持，慕课3、慕课4、慕课5由杭州市上城区教育学院汪湖瑛主持，慕课6由杭州市拱墅区教育研究院狄海鸣主持，慕课7由温州市实验中学徐墨涵主持，慕课8由杭州市卖鱼桥小学郭红梅主持，慕课9由杭州绿城育华亲亲学校陆颖主持。参与慕课开发与研修手册研制的老师多达69名。浙江省教育厅教研室管光海博士负责慕课及研修手册的整体规划与全程指导。杭州绿城育华亲亲学校蔡文艺、杭州市上城区教育评估与监测中心冯娉婷参与了样章的研制工作。感谢同志们高效、创造性的劳动，感谢教育科学出版社教师教育编辑部编辑们的慧眼与巧笔，让我们携手又为项目化学习的推进提供了灵动与实在的新资源。

限于能力与视野，慕课与研修手册中肯定还有一些不足之处，敬请读者批评指正。

张 丰

2024 年 3 月 20 日

第一课

驱动性问题
的提出

📖 学习地图

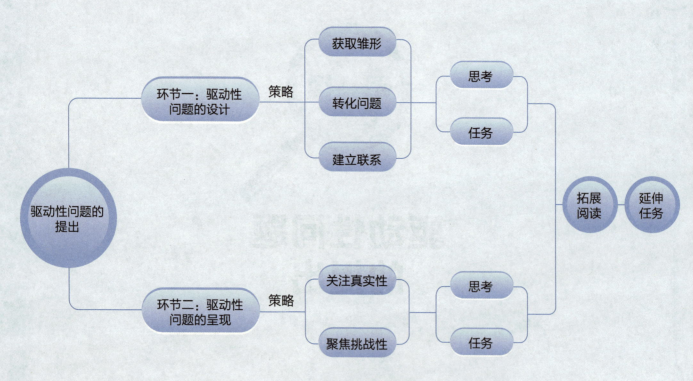

图 1-1　第一课学习地图

🎯 研修目标

① 了解如何设计驱动性问题。

② 了解如何逐步引导学生提出驱动性问题。

📖 核心概念

　　驱动性问题　指围绕项目主题设计的、契合课程标准的、具有凝练意义的问题，是能够引发学生自主探究和推动学生问题解决的关键性问题。一个好的驱动性问题能营造一种由求知欲驱动的学习氛围，鼓励学生积极地寻找问题的解决方案、做出计划和开展探究、记录和理解数据、收集证据和辨析观点、构建和共享学习成果，实现深度学习。

📝 课程内容

环节一：驱动性问题的设计

　　在项目化学习中，一个好的驱动性问题能激发学习者的求知欲，使其更主动地参与和投入项目化学习。观看项目化学习慕课8-2可以发现，在"交通工具狂想曲"项目中，驱动性问题为：如何设计一款

经济环保的有利于低碳出行、减少拥堵的未来交通工具？这一驱动性问题是如何设计产生的呢？

关键策略

◎获取雏形——从学生那里获得驱动性问题的雏形

学生提出问题的能力是一种重要的学习能力，学生提出的真实问题是项目化学习中驱动性问题的重要来源。设计者通过与学生的日常沟通，发现交通拥堵问题是不少学生在生活中会遇到的烦恼，同时也是上下学时段校门口的一大问题，遇到下雨天更为严重，这个问题便成为项目缘起，成为该项目中驱动性问题的雏形。

思考：在日常观察和师生沟通中，你能发现哪些可以作为驱动性问题雏形的问题？

◎转化问题——将具体内容问题转化为更本质的问题

学生提出的问题往往是非常具体的事实性问题，但这些具体内容问题难以让学生产生迁移，不易展开有针对性的项目化学习的思考和实施。教师可以在学生提出的具体内容问题基础上进一步抽象化，如本项目中学生提出：在上下学时间校门口很拥堵，怎么办？教师可以抽象出更本质的问题：如何解决交通拥堵和交通污染问题？这就是将具体内容问题转化为了更本质的问题。

思考：在一则有关友情的故事中，学生基于文本提出这样的问题：在这个故事中，谁是玛丽最好的朋友？

如何将这个具体内容问题转化为指向概念的本质问题？

◎建立联系——将本质问题和学生经验建立联系

将具体内容问题转化为本质问题"如何解决交通拥堵和交通污染问题？"后，这一问题显得过于庞大，需要结合学生的学科学习及生活经验，将其放到具体情境中，驱动学生思考。最终，问题被放置在以下情境中：为了解决交通拥堵和交通污染问题，我们可以从交通工具着手。那么，如何设计一款经济环保的有利于低碳出行、减少拥堵的未来交通工具？项目的驱动性问题最终形成。

任务：选择一个你从学生那里获得的可以作为驱动性问题雏形的问题，尝试将其抽象化、概念化，形成一个适合在项目中实施的驱动性问题。

环节二：驱动性问题的呈现

在"交通工具狂想曲"项目化学习中，教师通过以下三步呈现驱动性问题，引导学生发现问题，了解核心任务（可观看项目化学习慕课 8–2）。

❶ 创设情境，分享感受。

❷ 观察图片，分析数据。

❸ 小组讨论，聚焦问题。

关键策略

◎关注真实性——激发学生积极性

在项目实施过程中，为引导学生发现驱动性问题，引出核心任务，我们首先呈现学生熟悉的交通拥堵场景（见图1–2），使学生从

图 1–2　交通拥堵真实情景图

真实生活情境中感受交通拥堵带给人们的不便；随后出示实时交通拥堵指数与 $PM_{2.5}$ 日浓度变化图等图片（见图1-3），引导学生分析数据，发现交通污染问题。通过这些真实场景和真实数据，强化驱动性问题的真实性，进一步激发学生参与项目的积极性。

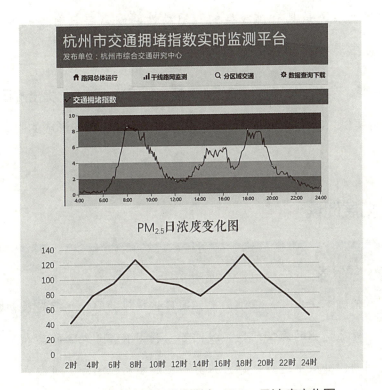

图1-3 实时交通拥堵指数与 $PM_{2.5}$ 日浓度变化图

思考： 你在上一环节任务中形成的驱动性问题的真实性可以通过哪些图文材料来增强？

◎聚焦挑战性——驱动学生不断思考和探索

在"交通工具狂想曲"项目驱动性问题的呈现过程中，学生需要结合生活经验、真实数据不断进行分析和思考；最终的驱动性问题的解决更需要学生学习和掌握有关车辆①设计的多种知识。这样的问题对学生来说是具有挑战性的。驱动性问题需要具有挑战性，重视让学生自主思考及发现并提出问题。

任务：参考"交通工具狂想曲"项目的驱动性问题的提出流程，查阅其他项目案例，尝试设计几个步骤来呈现你在上一任务中形成的驱动性问题。

拓展阅读

KWH 表

根据本课内容，不难发现，项目化学习的驱动性问题最初常常来源于学生提出的真实问题。我们可以利用 KWH 表来收集和呈现学生的问题，并从中进行选择，将其转化成驱动性问题。可参考以下学生关于"水"提出的问题案例。（见表 1-1）

———————

① "交通工具狂想曲"项目中的"交通工具"以汽车为主。

表 1-1 "水"的知识 KWH 表[1]

我已经知道了什么？ （Know）	我还想知道什么？ （What）	我想运用这些知识解决怎样的问题？（How）
• 水是液体。 • 水会流动。 • 水会变成汽、云、雨、霜、雪、冰……	• 水是从哪里来的？ • 水会被用完吗？ • 水是怎么变成汽、云、雨、霜、雪、冰的？ • 水脏了怎么办？	• 让混浊的小溪重新变得清澈。 • 在夏天制造冰块，让教室更凉快。

更多关于驱动性问题设计的方法可参考高潇怡和喻娅妮于 2020 年发表于《中国教师》的文章《关注项目式学习中的驱动性问题》。

延伸任务

根据项目化学习慕课 8-2 和相关阅读材料，选择一个主题，尝试运用以下 KWH 表格收集学生的问题，并选择其中的问题转化为项目化学习的驱动性问题。

---

[1] 本案例来自杭州市卖鱼桥小学 2020—2021 学年第一学期"渔之韵"周实践中二年级学生关于"水"的研究。

1．收集学生的问题

表 1-2　KWH 表格

我已经知道了什么？ （Know）	我还想知道什么？ （What）	我想运用这些知识解决怎样的 问题？（How）

2．形成驱动性问题

（1）我选择的学生的问题是 _____

_____

（2）通过抽象化、概念化，并与学生的经验建立联系后，最终形成的驱动性问题是 _____

_____

第二课

拼图合作学习
的组织

学习地图

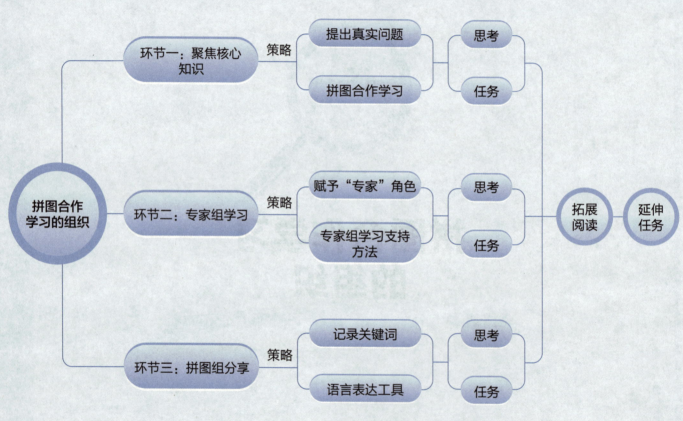

图 2-1　第二课学习地图

🎯 研修目标

❶ 理解拼图合作学习的基本内涵。

❷ 了解拼图组与专家组的学习组织及操作要点。

📖 核心概念

拼图合作学习　　一种基于拼图法（Jigsaw）的合作学习方式。拼图法来源于拼图游戏，最初由美国著名教育家和社会心理学家艾略特·阿伦森（Elliot Aronson）及其同事在 1978 年设计开发。拼图合作学习就是将全班学生平均分成人数相同的若干个拼图组，拼图组的每个成员分别负责一个部分或片段内容的学习。随后，把分在不同拼图组中学习同一部分内容的学生集中起来，组成专家组，共同研究所承担的任务，直至熟练掌握完成任务所需要的知识与技能。然后全部学生都回到自己原来的拼图组去，分别把自己掌握的那部分内容教给其他成员，每个成员讲解完毕之后，大家就会掌握全部的学习内容。

概念　　在项目化学习中，指跨越时间、文化和不同情境，对一系列样例共性特征的心理建构。概念分为两类：一类是宏观概念，即跨学科概念，如系统、变化、相互依赖；另一类是微观概念，即学科概念，如文化、栖息地等。概念具有永恒性、普遍性、抽象性，能体现样例的共性特征。

课程内容

环节一：聚焦核心知识

每个拼图组的人数是根据学习任务确定的，而确定学习任务的前提就是寻找从核心概念到关键概念再到知识点的一整套知识体系。这一整套需要学生理解和掌握的知识体系就是这个项目化学习的核心知识。这些核心知识分为几个板块，每个拼图组就有几个人。

关键策略

◎提出真实问题——与核心知识接轨

创设一个相对真实的情境，引导学生发现其中存在的问题，并思考解决问题所需要的核心知识；再进一步将这些知识进行归类，就会相应地产生专家组。

思考：请观看项目化学习慕课8-3，想一想，还有哪些方法可以帮助学习者更自然地将学习聚焦于需要理解和掌握的核心知识？

◎拼图合作学习——提升学习参与度

　　拼图合作学习是这样组织的：先将全班学生平均分成若干个拼图组，每个拼图组的人数依据该项目化学习所需的核心知识来确定。有几个方向的核心知识就分成几个专家组。拼图组的每个成员需要分别掌握一个专家组的学习内容，然后回到自己原来的拼图组，分别运用各自的专家知识，合作解决问题。（见图2-2）

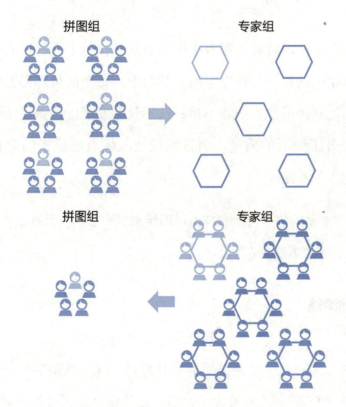

图2-2　拼图组与专家组活动示意图

任务：拼图合作学习与以往的由能力较强的成员进行主导的小组合作学习相比，有哪些优势？请列举出来。

环节二：专家组学习

拼图合作学习打破了原有小组的限制，让每个人都进入专家组学习并掌握相应的知识。在专家组的学习中，每个成员都需要用心倾听来指出其他同伴的优点而非不足，这不仅激发了他们认真倾听的主动性，也提升了倾听的质量，而且发现他人优点更是指向对自我的反思、对他人的肯定。

思考：专家组的学习是怎样为拼图组的成员在学习目标的实现、专家角色的支持等方面提供帮助的？

关键策略

◎赋予"专家"角色——围绕驱动性问题分解核心知识

在拼图组中，为共同解决驱动性问题，每个成员需要分别成为不同方面的"专家"。为具有专业知识，他们需要分别进入不同的专家组学习。每个专家组的学习内容，都是解决驱动性问题所需要的核心知识。图2-3呈现的是"交通工具狂想曲"项目中专家组的分类情况。

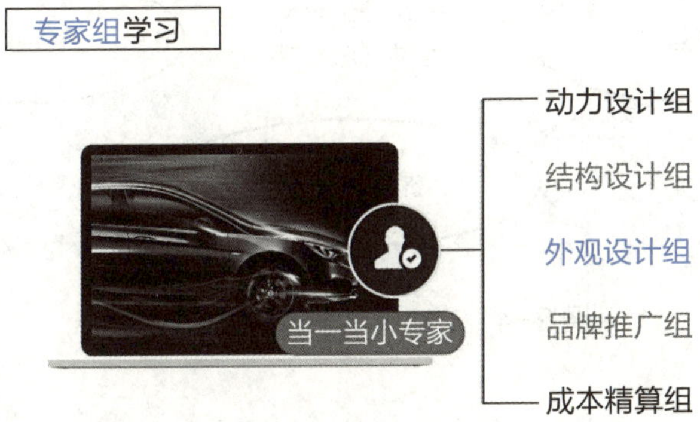

图2-3　"交通工具狂想曲"项目中专家组的分类

任务：请观看项目化学习慕课8-3，结合视频思考，当专家组的自主学习遇到困难时，可以引导学生通过哪些方式解决问题？

◎专家组学习支持方法——推动"专业"成长

专家组的成员可以通过教师提供的线上资源包和线下工具包进行自主学习。当自主学习遇到困难时，同伴互助、师生探讨、提问区留白都是目前在应用中较为有效的学习方法支持形式。（见图2-4）

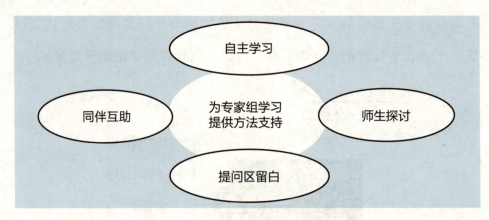

图2-4　专家组学习方法支持形式

通过专家组的学习，每个拼图组的成员都拥有了解决驱动性问题所需要的不同领域的核心知识，彼此间形成了较为稳定的依赖关系。

思考：学生回归拼图组后，教师怎样组织学习分享可以让学习的效果最大化？

关键策略

◎ 记录关键词——借助知识结构图梳理知识脉络

围绕关键词，每个专家组成员用思维导图的形式梳理知识脉络，在拼图组进行学习分享，这也是一种知识内化的过程，以下以"交通工具狂想曲"项目的拼图组分享为例。（见图 2-5）

你已经设计好了汽车外观图，请你做好分享准备，把自己的思考记录下来。（你可以从材料的选择、安全性、可塑性、防水性、美观性等角度来记录。）
_____
_____
_____

关键词：汽车车型、外观部件、影响因素
_____
_____
_____
_____

图 2-5 《学生活动手册》[①] 里拼图组分享相关内容

📝 **任务：** 设计一份其他形式的分享支架，帮助学生学会有效分享。

---

① 《学生活动手册》是学生在课程学习过程中需要使用到的一种课程资源，是学生进行自主学习的支架。

◎语言表达工具——提供表达支架

表达是一种将思维结果反映出来的行为。提供语言表达的支架（见图 2-6），可以使学生的表达更有逻辑。

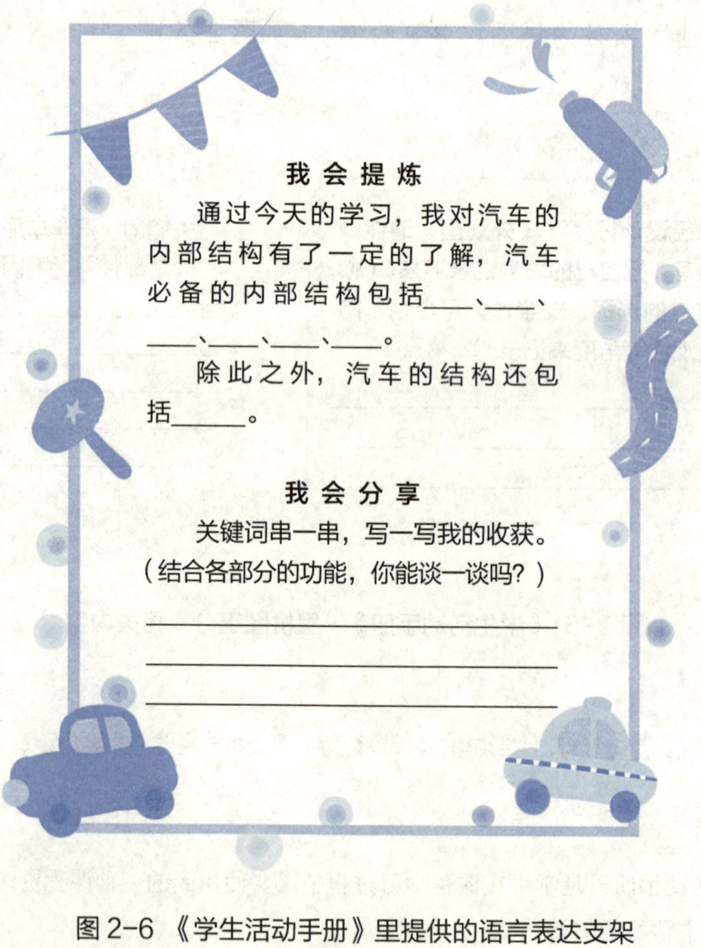

我 会 提 炼

通过今天的学习，我对汽车的内部结构有了一定的了解，汽车必备的内部结构包括____、____、____、____、____、____。

除此之外，汽车的结构还包括____。

我 会 分 享

关键词串一串，写一写我的收获。（结合各部分的功能，你能谈一谈吗?）

_____

_____

图 2-6 《学生活动手册》里提供的语言表达支架

拓展阅读

拼图合作学习对教师的课堂教学和学生的常态化学习都提出了新的要求，使用时可遵循以下课堂教学模式，如图 2-7 所示。

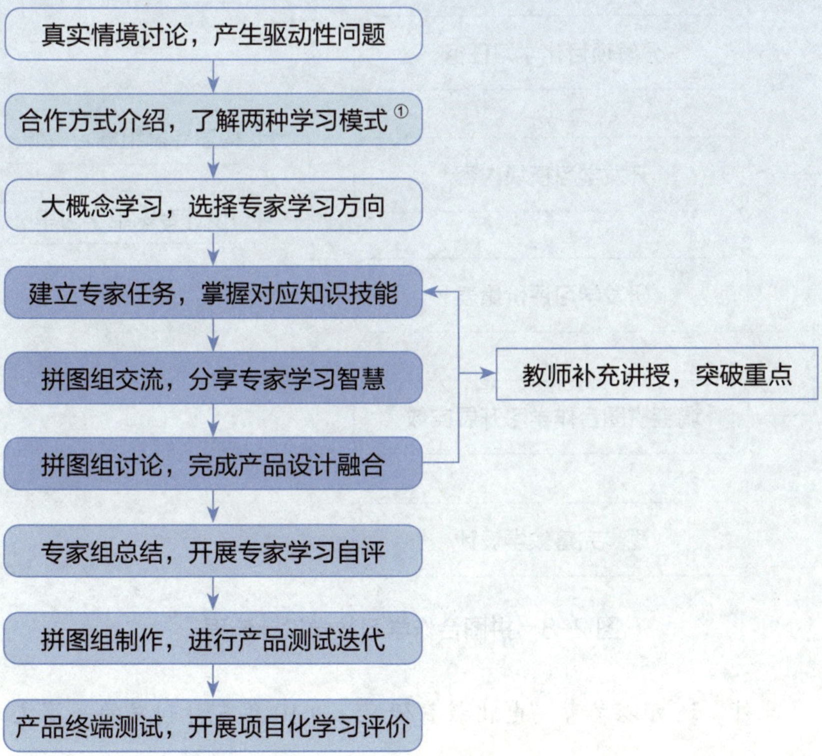

真实情境讨论，产生驱动性问题

↓

合作方式介绍，了解两种学习模式①

↓

大概念学习，选择专家学习方向

↓

建立专家任务，掌握对应知识技能

↓

拼图组交流，分享专家学习智慧　→　教师补充讲授，突破重点

↓

拼图组讨论，完成产品设计融合

↓

专家组总结，开展专家学习自评

↓

拼图组制作，进行产品测试迭代

↓

产品终端测试，开展项目化学习评价

图 2-7　拼图合作学习在项目化学习活动中的十个步骤

① 两种学习模式，即专家组学习模式和拼图组学习模式。

若要在项目化学习过程中顺利地开展拼图合作学习，必须在项目前期的准备工作中重视拼图合作学习的每一个环节设计。其教学设计流程和其他项目化学习的方式有所不同，具体设计流程如图 2-8 所示。

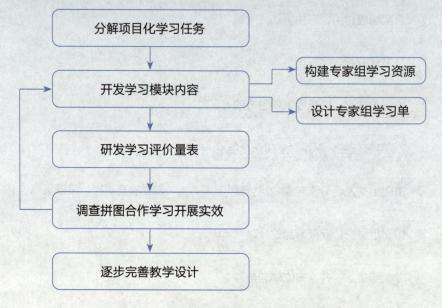

图 2-8　拼图合作学习教学设计流程

此外，还可以参考《电化教育研究》2010 年 5 月刊发的一篇文章《切块拼接法（Jigsaw）：一种行之有效的协作学习方式》。文章详细阐述了组织拼图合作学习的过程中教师需注意的几个问题。

延伸任务

请你根据核心知识，尝试分解一个项目中的驱动性问题，再根据分解后的学习任务设计不同的专家组。你可以参考下面的分解步骤。

第一步：明确驱动性问题。例如，丝绸是"杭州印象"的重要组成部分，在历史上也曾叩开世界的大门，传播东方文化的独特魅力。如何设计一款能够体现丝路文化的丝制礼品，在亚运会上进行推介宣传？

第二步：梳理核心知识。在"丝路文化"项目中，核心知识有：抽丝技术；辨别绫罗绸缎棉麻丝毛等；了解敦煌壁画的历史演变过程；探究敦煌图案的种类、特点；了解不同时期丝绸上的纹样，学习绘制的方法；了解有关丝绸之路的历史文化典故和文化遗产；了解蓝印花布印染和扎染的过程与要求，体验印染和扎染的过程……

第三步：分解学习任务。如图 2-9 所示。

怎样给丝制品做一份材料说明书?

材料设计师

如何借助丝绸纹样在工艺品中体现丝路文化?

图案设计师

如何设计一款能够体现丝路文化的丝制礼品,在亚运会上进行推介宣传?

怎样设计制作丝制工艺品?

工艺设计师

怎样才能更好地宣传丝路文化?

文化设计师

图 2-9　杭州市卖鱼桥小学渔之韵课程"丝路文化"项目化学习任务分解图

第三课

项目产品的有效设计与改进

📖 **学习地图**

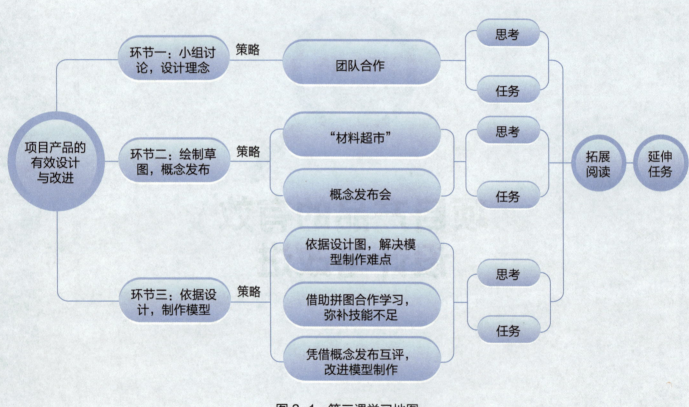

图 3-1　第三课学习地图

🎯 研修目标

❶ 掌握产品设计标准，知道如何指导学生提出设计思路，进行概念设计，并绘制草图。

❷ 了解概念发布会，知道怎样设计概念发布会来培养学生善于合作、表达和倾听的能力。

📖 核心概念

产品设计标准　一项成功的产品设计，应满足多方面的要求，这些要求有助于项目驱动性问题的解决，具有一定的标准，可以有社会发展方面的，有产品功能、质量、效益方面的，也有使用要求或制造工艺要求方面的。

材料超市　以类似于"超市"的模式，为学生提供自由选择的材料，满足不同小组产品设计过程中的需求，助其最终完成项目产品。

概念发布会　在产品制作之前，将最新版的设计图、设计方向和理念进行发布展示，重点阐述为什么要这样设计、设计目的和灵感等。小组成员人人上台发言分享，其他小组可以根据发布的内容，提出自己的疑惑，并请发布小组成员进行解答。

课程内容

环节一：小组讨论，
设计理念

在项目化学习中，围绕驱动性问题，学生团队合作解决问题，形成问题解决方案或产品。在"交通工具狂想曲"项目的学习过程中，设计者引导学生围绕标准（动力、结构、外观、品牌、成本等角度）进行项目产品设计。

思考：请观看项目化学习慕课8-4，结合视频中五大领域的设计方向和理念，想一想，拼图组的五位小专家怎样合作才能最大限度地完成设计理念的商定？

关键策略

◎团队合作——共商设计理念

学生在小组合作学习的过程中，具有共同的核心任务，合作是实施项目化学习的必要条件，小组目标和个人目标紧密相关，这促使小组个人行为对小组成果负责。同时，小组成员承担不同的角色，身兼不同的子任务，需要相互配合才能完成核心任务。小组成员分别获得不同的、有限的资源和信息，需要交换、共享、交流才能完成目标。

以"交通工具狂想曲"项目为例，小组内初步讨论设计方向和理念，借助《学生活动手册》和白板表格，记录关键词句。学生经过第一轮专家组的学习，对动力、结构、外观、品牌、成本有了一定的了解，回到拼图组后，小组成员以不同专家身份共商本组设计的方向和理念。（见表3-1）专家组的学习可以根据需要多次进行。学生通过在专家组的学习，能够不断储备这几方面的专业知识，以更好地修正设计方向和理念。（见图3-2）教师建议学生在原设计的基础上用其他颜色的笔再修正，以便更直观地体现设计的迭代。

表3-1 不同专家组设计方向和理念

专家组	设计方向和理念
动力设计师	哪几种动力驱动……
结构设计师	改变结构、完成核心任务……
外观设计师	新颖、可制作……
品牌推广师	统一品牌文化……
成本精算师	提高性价比……

图 3-2　学生设计方向和理念迭代

📑任务：如果教师加入学生小组讨论，还可以从哪些方面引导学生改进设计？请列举几个引导的小妙招。

环节二：绘制草图，概念发布

在"交通工具狂想曲"项目中，学生初步调整、补充设计方向和理念，在班内进行交流与分享，教师再次解读核心任务，并出示产品设计标准。

【动力设计师】以新能源为动力，驱动小车行驶 1 米。

【结构设计师】有足够空间能容纳两人，并便于储物，具有减少拥堵的功能。

【**外观设计师**】既具有基本的防雨防风功能又能兼顾外观的设计感。

【**品牌推广师**】产品特点鲜明，体现团队设计理念。

【**成本精算师**】保证产品功能的前提下兼顾成本效益。

关键策略

学生根据产品的设计标准，结合小组的设计方向和理念，合作绘制设计草图、选择材料，并进行产品的概念发布。

◎ "材料超市"——基于设计理念，轻松采购材料

教师提前准备好种类丰富的材料，根据材料的属性确定成本价格。学生针对各小组产品的设计方向和理念，按需选择制作模型所需的材料，不仅要考虑功能，还需要考虑成本。

学生围绕产品设计标准，运用在专家组所学的知识，经组内讨论，提出设计思路，绘制设计草图。（见图3-3）设计草图要求：图文结合，需在设计草图上标注所用材料、材料数量和设计意图，可以在设计草图上赋予所用的材料新功能，不同的小组会根据本组设计草图确定不同的材料清单。

教师以"材料超市"的形式展示材料，呈现每种材料的单价，展示实物材料，简单介绍材料的特点、功能。学生通过设计方向和理念分享、材料选择、方案修改，确定最终采用的材料。（见表3-2）

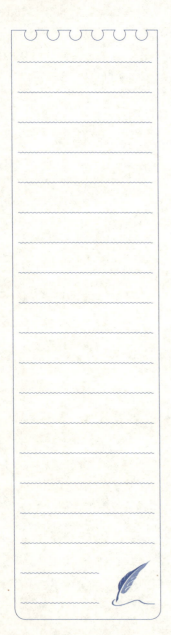

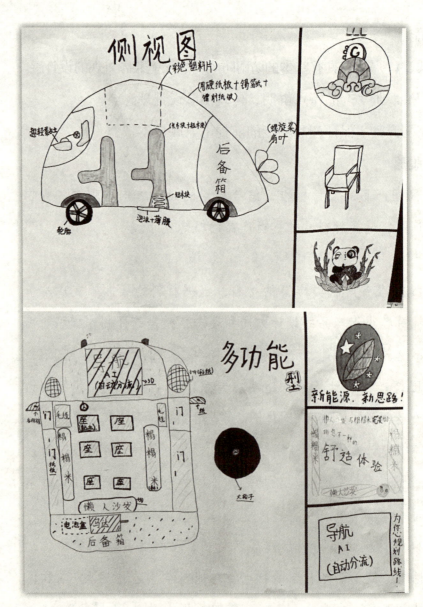

图3-3　小组设计草图示例

表 3-2　材料超市物品清单

材料	单价	材料	单价
冰棍棒（180×10×2mm）	1 元 /10 根	蜡烛	0.2 元 / 支
冰棍棒（170×10×2mm）	1 元 /10 根	马达	2.5 元 / 个
冰棍棒（150×18×1.6mm）	0.5 元 /10 根	电池	1.5 元 / 节
冰棍棒（65×10×2mm）	0.2 元 /10 根	电池盒	2.5 元 /2 节
牛皮纸	1.5 元 /1 张	太阳能板（含支架）	2 元 / 块
彩色塑料片	3 元 / 张	磁铁	2 元 / 个
锡箔纸	1 元 / 米	扇叶	1.5 元 / 个
瓦楞纸	1 元 / 张	长木板	0.8 元 / 个
纸盒	0.5 元 / 个	短木板	0.5 元 / 个
彩纸	0.2 元 / 张	毛毡（含支架）	0.5 元 / 个
镭射纸	2 元 / 张	皮轮胎	1 元 / 个
超轻黏土	0.7 元 / 包	大轮胎	0.8 元 / 个
塑料瓶	0.2 元 / 个	小轮胎	0.2 元 / 个
塑料袋	0.2 元 / 个	螺丝	0.5 元 /4 颗
扭扭棒	0.5 元 /10 根	小车车架	0.5 元 / 个
吹塑纸	1 元 / 张	3D 打印笔 PCL 耗材	1 元 / 米
薄膜	0.2 元 / 米	橡皮筋	0.1 元 /2 根
泡沫板	0.3 元 / 个	皮带轮	0.5 元 /2 个
车轴	0.5 元 /2 根		
基础材料			
3D 打印笔、热熔胶枪、热熔胶、蜡笔			

思考：按照常规给学生提供统一材料和采用"材料超市"模式相比较，哪一种方式更有助于丰富学生的产品设计？

◎概念发布会——分享设计、修正产品设计缺陷

在制作模型之前，学生以小组为单位分享改进后的设计理念和设计图，班级分享有助于学生增强人际沟通能力，学会科学地自我评价，促进创新意识与能力的不断提高。同时，也便于在设计过程中修正产品存在的缺陷，有利于最终产品符合本组的设计方向和理念。

通过概念发布会展示的方式，展示小组的设计图，培养学生善于合作表达和倾听的能力。在"交通工具狂想曲"项目中，根据各小组定稿设计图，五位成员分别阐述动力设计、结构设计、外观设计、品牌推广、成本精算五个方面的设计方向和理念。

概念发布会要求：（1）带着最新版本的设计图。（2）重点阐述设计理念。（3）人人上台，可派2—3名代表作为汇报员进行分享。（4）分享时间不超过5分钟。

任务：结合项目化学习慕课8-4中学生概念发布会展示情况，想一想，概念发布会和最终产品发布会有何不同？为什么要在制作产品模型之前进行概念发布？

环节三：依据设计，制作模型

　　学生根据定稿的设计图，确定材料清单并领取材料。（专家组内已完成部分可带到拼图组使用，但要计入成本；自备材料按市场价计入成本。）学生依据设计图制作未来交通工具的模型。教师可以巡视并指导各小组进行模型制作，鼓励学生充分开展团队合作，培养学生动手实践的能力和解决问题的能力。

　　思考：请观看项目化学习慕课8-4，了解学生的设计方向和理念，想一想，哪些方法能够为学生制作模型提供更好的帮助？

关键策略

◎依据设计图，解决模型制作难点

　　学生在制作模型的过程中，会产生诸多实际问题，例如材料无法满足制作要求，而更多的是制作存在难点。因此，在制作模型之前，要求组内学生依据设计图，尽可能地按照三视图①进行模型设计，针对模型中具有一定功能的部件，需要提前考量其功能通过现有

――――――――――

① 三视图：工程界对物体几何形状约定俗成的一种抽象表达方式，分为主视图、俯视图和左视图三个基本视图。

材料能否实现。学生容易迸发出一些天马行空的创意，但在绘制三视图的过程中，往往会进行针对性的修改，解决模型制作的难点。

◎借助拼图合作学习，弥补技能不足

在产品的设计与开发的过程中，产品模型是设计构思的立体体现，是设计团队表达设计理念的方法之一。产品模型制作是一个综合性的创造活动，学生需要将已有知识和技能进行迁移，但是在不断解析产品形态、功能、结构、色彩、材料、工艺等因素之间的关系时，会出现技能不足等问题。借助拼图合作学习的优势，学生具有不同领域的专家身份，并在专家组进行了专业知识和技能的学习，学生经历了专家组学习后，回到本组能够与其他组员协同完成模型制作，从而解决制作模型技能不足的问题。

◎凭借概念发布互评，改进模型制作

在项目化学习过程中，一个产品需要经过不断改进才能最终发布，这不仅需要设计者通过设计图进行思考和创新，还需要经过综合评价来检验方案的合理性。因此，本项目中的概念发布会互评环节，引入其他组对每个分享小组设计方向和理念的评价，让更多的人提出合理的建议，从而让每个小组更好地改进和完善设计，让模型制作能够真正落地。

任务：分享一个你的学生曾经实践过的项目，定稿设计图与最终模型是否有很好的相关性？在制作模型的过程中，学生往往会遇到哪些困难？

拓展阅读

　　项目化学习对培养学生解决问题的思维有着重要意义，在项目化学习过程中产品的有效设计与改进尤为重要。关于这部分内容，可阅读项臻宇的《探究生活问题，培养设计思维》和胡佳怡的《基于设计思维的项目式学习教学设计研究》这两篇文章。

　　（1）以功能需求为起点，培养学生的逻辑思维，同时也要以审美为目的，让学生在学习中经历四个环节：发现问题、分析问题、改进设计、完善设计。

　　（2）设计思维提供了实现项目化学习教学设计的有效路径，其教学路径分为四个步骤：项目开始、问题解决、形成成果产品、修订成果并改进。

延伸任务

选取一个真实情境下的项目，以项目终端产品为导向，设计一份"材料超市"清单，让学生完成项目产品的定稿设计图并进行概念发布。

第四课

模型的制作
与测试

📖 学习地图

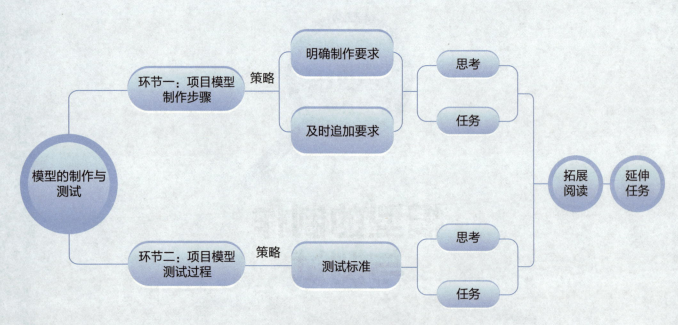

图 4-1　第四课学习地图

🎯 研修目标

❶ 了解模型制作与测试的过程，能指导学生制作模型。

❷ 能基于项目设计模型测试的方法。

📖 核心概念

材料清单　项目化学习模型制作前，学生根据设计图对完成模型所需要的材料种类、材料用量、材料价格等信息进行罗列。制作材料清单便于学生在"材料超市"中合理选材。

测试标准　判断项目化学习模型测试结果的标准和依据，以维度清晰、量化标准为宜。测试标准应在学生进行模型设计、模型制作与测试前以可视化的形式呈现给学生，让学生明确模型达标的要求，以"达成标准"为目标进行设计、制作、测试与改进。

📝 课程内容

环节一：项目模型制作步骤

在"交通工具狂想曲"项目的学习中，各拼图组最终完成设计图的定稿后，便可以根据定稿设计图开展模型制作。模型制作流程为：

1. 根据定稿设计图，制作材料清单，领取材料。

2. 按照要求分工合作，初步制作模型。

3. 调整存在的问题，完成模型制作。

● 关键策略

◎明确制作要求——帮助学生有序进行制作

在模型制作前需要提前明确制作要求，学生根据要求开展模型制作，可以使制作环节更有序、更有效。（见图4-2）

图4-2 "交通工具狂想曲"项目化学习模型制作要求

思考：请观看项目化学习慕课 8-5，并结合以往亲历的或学到的项目化学习案例想一想，模型制作要求有哪些？

◎ 及时追加要求——帮助学生应对制作过程中出现的问题

针对学生模型制作过程中出现的问题，及时追加注意事项与要求，能够帮助学生调整前期制作中存在的问题，提高模型制作成功率。

任务：选择一个项目，或在学科教学过程中观察学生的实践，并针对学生的情况列举几条追加要求和注意事项。

（1）_____

（2）_____

环节二：项目模型测试过程

项目化学习成果分为解释说明类成果和制作表现类成果。项目模型属于制作表现类成果，需要通过模型测试来验证学习成果。在"交通工具狂想曲"项目的学习中，各小组完成模型制作后，测试场地开放，每小组有 5 分钟测试时间。

思考：请观看项目化学习慕课 8-5，思考如何恰当地对项目模型的完成情况、功能实现情况做出评价。

◀ 关键策略

◎ 测试标准——项目模型的评价依据

　　模型测试可以视为一种对项目化学习成果的评价，评价标准即为模型测试标准。根据是否完成项目核心任务，拆解评价维度，制定清晰具体的测试标准，可以为学生前期的设计制作与后期的模型改进提供明确的方向。"交通工具狂想曲"项目的核心任务为：设计一款经济环保的有利于低碳出行、减少拥堵的未来交通工具。围绕核心任务，我们拆解出行驶性能、抗风性能、防雨性能、载人性能四个评价维度。具体测试标准见图 4-3。

1. 行驶性能测试：小车能行驶 1 米。
2. 抗风性能测试：能抵抗电风扇 2 级风力。
3. 防雨性能测试：能顺利通过降水路段，保证内部不被淋湿。
4. 载人性能测试：能保证车内玩具小人平稳乘坐，不倾倒。

图 4-3 "交通工具狂想曲"项目化学习模型测试标准

任务：选择一个需要进行模型制作的项目，尝试制定几条测试标准。

拓展阅读

1. 模型评价量表

为便于对模型进行教师评价、小组自评或组间互评，我们可以设计模型评价量表。表 4-1 为某项目针对学生制作的防疫用具模型设计的评价量表，供参考。

表 4-1　某项目防疫用具模型评价量表（张丰，2020）[67]

标准	等级
舒适度：口罩戴着耳朵不会不舒服；防护服穿着行动比较方便；护目镜戴着不会模糊，不会很紧	☆ ☆ ☆ ☆ ☆
防护效果：口罩戴着能防护唾液和飞沫；喷水测试效果时，穿着防护服能防护里面的衣服不会湿；戴着护目镜能防止唾液进入眼睛	☆ ☆ ☆ ☆ ☆
美观度：比较美观整洁	☆ ☆ ☆ ☆ ☆
贴合度：完整贴合	☆ ☆ ☆ ☆ ☆

2. 5W1H 原则

制定测试方案的常用方法

在项目测试过程中，测试方案的质量会影响项目产品的质量，因此需要制定一份完善的测试方案。那么如何才能制定一份完善的方案呢？我们可以遵循以下"5W1H"原则。

5W1H 原则

不管在何种场景下，制定测试方案时 5W1H 原则都是适用的。

How：如何去测？如何选择工具？如何确定测试的依据？

Why：为什么要实现这个功能？为什么要做这个项目？它能给使用者带来多大的价值？

What：我需要做什么？任务的目的是什么？

When：运作周期有多长？开发时间有多长？提交测试时间是什么时候？什么时候需要完成模型？测试周期有多长？

Who：项目各个环节的直接责任人、关系人是谁？谁来主导负责？需要多少人力来参与？

Where：相关资源的位置和路径在哪里？

延伸任务

选择一份模型测试的测试标准，尝试依据测试标准设计一份测试评价量表。

第五课

学习成果的
展示与评价

📖 学习地图

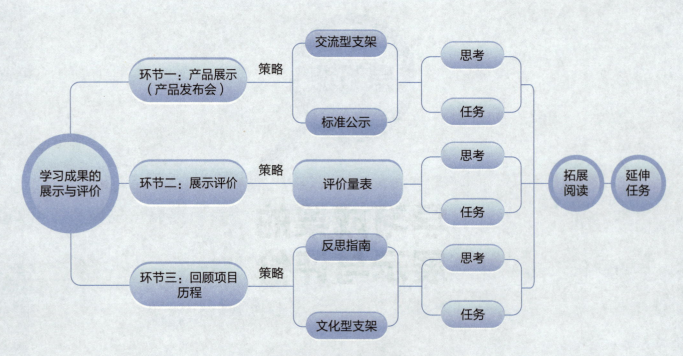

图 5-1 第五课学习地图

🎯 研修目标

❶ 了解产品发布会如何组织和评价。

❷ 了解项目化学习的反思该如何开展。

📖 核心概念

产品发布会　项目化学习的公开成果展，用口头或书面等形式向公众报告自己的实践过程和对所学知识的理解与把握情况，同时庆祝自己与团队共同完成了富有挑战性的任务。

评价量表　评价量表是一种真实性评价工具，是对学生的作品、成果或行为、表现进行评价或等级评定的一套标准。其将任务分成多个组成部分，并对每个部分不同层次的表现进行详细描述，描述的是对某项任务的具体期望。

📝 课程内容

环节一：产品展示
（产品发布会）

项目化学习与其他类型学习的区别在于，项目化学习最终要形成

公开的有质量的成果，并在不同的群体中进行交流。项目化学习成果指向驱动性问题的真实解决，包括深度理解核心知识、呈现个体或团体的学习过程，以及阐释终端产品的设计内涵。

关键策略

◎交流型支架——帮助学生更自如地展示和表达

指向驱动性问题的真实解决，教师以发言稿的方式为学生提供展示支架。以"交通工具狂想曲"项目为例，发言稿中包括团队整体介绍及设计图改进、产品功能的介绍，每个拥有专家身份的组员都从专业视角出发，分别从动力设计、结构设计、外观设计、品牌推广和成本精算五个方面介绍他们设计的交通工具的特点。发言稿中还附带了一份"灵感材料包"，供学生借鉴现有广告的形式进行发布。

附：产品发布会发言稿

1. 整体亮相 + 团队口号

大家好，我们是_____团队，我们的团队口号是_____。

或：_____（团队口号），大家好，我们是_____团队。

今天我们隆重推出_____（品牌）_____（交通工具①）。

——————

① 详见本书第56页"灵感材料包"（1）。

2. 介绍设计图改进情况（一名同学拿第一稿设计图，另一名同学拿定稿设计图）

我们的设计图经过了____次改进。从第一稿设计图到现在的设计图，我们重点改进的地方是：_____。

这样的改进是为了更好地解决（交通拥堵 / 交通污染）的问题或达到（经济环保 / 低碳出行 / 减少拥堵）的目的。

3. 针对产品优点、功能进行介绍（可以从动力、结构、外观中选择几个方面来阐述）

我们的产品最突出的一个特点[①] 是：_____

_____。

【动力】在动力方面，我们选择了_____能源，我们选择这种能源的原因是_____。

【外观】我们这款交通工具外观_____（颜色、线条等），选用了_____材料，这种材料的好处是_____

_____。（是否具有基本的防雨防风功能又能兼顾外观的设计感？设计感如何体现？）

【结构】这款交通工具在结构上也充分体现了我们的设计理念，它的内

_____

① 详见本书第 56 页"灵感材料包"（2）。

部使用了＿＿＿＿＿＿＿＿＿＿材料，给用户带来＿＿＿＿＿＿＿＿＿＿的体验；重要部件的摆放位置为＿＿＿＿＿＿＿＿＿＿，这样摆放的原因是＿＿＿＿＿＿＿＿＿＿；我们设计的交通工具能承载＿＿＿＿名乘客，并在＿＿＿＿＿＿＿＿＿＿位置留出了一定的储物空间。（是否从结构上实现了减少拥堵的功能？）

4. **聚焦品牌文化**（**出示产品细节图**）

我是本小组的品牌推广师。我为大家介绍一下我们的品牌文化：＿＿＿

＿＿＿＿＿＿＿＿＿＿＿＿＿＿＿＿＿＿＿＿＿＿＿＿＿＿＿＿＿＿＿。

（介绍小组文化理念、车标设计理念，以及后期品牌如何推广等内容，品牌推广请参照《学生活动手册》中的相关内容，如图 5-2 所示。）

5. **成本精算师公布产品定价**

我是成本精算师，由我来公布产品的最终定价！（或：最后，就是揭晓我们产品价格的时间！）经过材料清点和仔细核算，该汽车模型的材料成本是＿＿＿＿＿＿，我们的推广成本是＿＿＿＿＿＿，我们的品牌附加值是＿＿＿＿＿，因此我们最终的产品定价是＿＿＿＿＿＿＿＿＿＿

＿＿＿＿＿＿＿＿＿＿＿＿＿＿＿＿＿＿＿＿＿＿＿＿＿＿＿＿＿＿＿

＿＿＿＿＿＿＿＿＿。（说明定价原因，号召选购[1]）

－－－－－－－－－

[1] 详见本书第 57 页"灵感材料包"（3）。

我是品牌推广师

亲爱的小麦苗：

　　一个好的宣传广告能将产品更好地推荐给大家。产品发布会在即，请你为你们小组的作品撰写一篇精彩的广告方案，并思考品牌的具体推广策略！

　⭐ **温馨提示**：可以从汽车的车标内涵、产品定位、价值文化、品牌推广等多个角度来介绍！

一、广告文案

最大亮点	
最特别之处	
车标内涵	
团队文化	
设计理念	
产品定位	
价值文化	

💜 **小贴士**：撰写广告文案时突出亮点和特色，能更精准地吸引大家的眼球！

二、品牌推广

想一想，你准备如何推广你们的品牌？并说明理由。

1. **推广渠道**：选择传统的电视广告还是选用新媒体呢？
2. **代言人**：想邀请大明星来代言还是汽车领域的知名人士来代言呢？
3. **销售渠道**：选择网络直播销售还是线下实体销售呢？
4. **其他**

图 5-2 《学生活动手册》"我是品牌推广师"产品发布会准备内容

*灵感材料包：

（1）车型：（例如，xx 品牌全新大型豪华越野车、xx 品牌新能源紧凑型车……）

（2）产品特点：

是否使用新能源？有怎样的好处？

在结构、空间布局上有什么特点？

是否有新奇的设计理念或独创的品牌精神？……

例如：

动力：以 xxx 为动力，最大限度地使用了可再生能源，达到节能减排、保护不可再生资源的目的，对环境保护起到了……的作用；充电电池，超长续航，终生免费充电。

结构：大车型，宽阔空间，家中沙发般的舒适体验；小车型，更敏捷，易操控，身形小巧易停车。

驱动方式：双驱，市区经济适用型，节省燃油；四驱，根据路况变化，调整动力分配，加强牵引力、抓地力，重度越野爱好者的必然选择，拥有强劲的动力和便捷的操控性。

外观：高强度 xxx 材料，使车子在拥有精美外观的同时，还能提高车辆内饰的质感；富有表现力的前脸设计，展现全新的设计语言，延展的 LED 大灯，运动感十足；车身比例合理，每个维度都恰到好处；保险杠与车身色彩搭配；引擎盖、后视镜、安全带等后期维护十分便利。

品牌：xxx 是一个全新的汽车品牌，创立伊始，宛如一张白纸……；xxx 是一个拥有深厚历史文化积淀的品牌……

（3）号召选购的语言：创世版首批用户将享受 8 折优惠／用户和品牌一同成长／为无限雄心去驰骋／……

思考：请观看项目化学习慕课 8-6，结合视频中的素材想一想，还有哪些项目化学习成果，能用产品发布会的形式来展示，以提升项目化学习的质量？

◎标准公示——贯穿项目始终的学习评价

在确定驱动性问题之后，就要考虑评价的标准，包括成果和实践两个方面，并贯穿项目始终。清晰且公开的标准能引导学生进行更深入的探索与合作。根据图 5-3 与图 5-4 的对比可以看到，项目初期产品设计的标准和终端测试、产品验收的标准应保持一致。

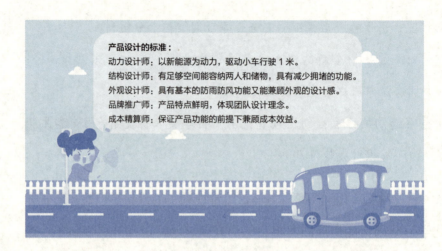

图 5-3 《学生活动手册》中呈现的产品设计标准

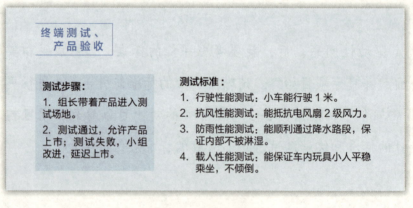

图 5-4 终端测试标准

📋 任务：贯穿项目始终的学习评价还可以关注哪些关键的评价维度？试着列举 2—3 项。

环节二：展示评价

产品发布会（即公开成果展）的目的不仅是展示学生通过项目化学习所设计和制作的产品，而且是要展现外显的产品制作之下，内隐的所学、所得和所思，同时庆祝个体与团队通过有效合作所取得的探究成果。通过对产品展示和学习过程的评价，让学生有仪式感和获得感。

思考：让学生有仪式感和获得感，离不开教师精心地创设情境和布置场地。校园中的哪些区域适合举办一场公开成果展？请观看项目化学习慕课 8-6，结合视频想一想，场地布置中需要哪些必备元素或有效道具？

关键策略

◎评价量表——聚焦表现性评价，凸显拼图合作学习的特点

本项目共设置了四个奖项，分别是最佳设计师、最佳设计奖、最佳合作奖和最佳作品奖。其中最佳设计师、最佳合作奖和最佳作品奖的评定都使用了评价量表这一工具，从不同维度对学生外在的行为表现进行评价，提高了评价的有效性。

● "最佳设计师" 评价方式：通过小专家自评和组内贴星互评产生。

　　本项目针对拼图合作学习这一学习方式，专门设计了指向专家组学习的评价量表。专家组学习结束后，小专家们先借助评价量表自评，针对专家组学习过程中的知识习得、技能掌握与交往礼仪等方面进行总结和反思，以动力设计师评价为例，可参考表 5-1。

表 5-1 "我是动力设计师"评价量表

祝贺你出色地完成了各类实践活动，相信你一定能成为一名出色的动力设计师！
现在，请你借助评价量表，评一评自己的表现吧！
（在对应的方框内打钩→自评得小车数→计算总数并填写在总计栏）

维度	🚗🚗🚗	🚗🚗	🚗	自评
知识习得	□能熟练掌握不同能源驱动小车的原理，能正确匹配能源名称与属性。	□能理解不同能源如何驱动小车，能正确匹配能源名称与属性。	□能自主学习提供的材料，但不能正确匹配能源名称与属性。	
	□能清楚描述马达数量与小车动力大小的关系。	□能大概描述马达数量与小车动力大小的关系。	□不能正确描述马达数量与小车动力大小的关系。	
	□能清楚描述帆的形状和帆的材质对小车行驶的影响。	□能大概描述帆的形状和帆的材质对小车行驶的影响。	□不能正确描述帆的形状和帆的材质对小车行驶的影响。	
	□对任务有自己的思考，记录详细。	□对任务有自己的思考，但记录比较简单。	□对任务没有自己的思考，几乎没有记录。	
技能掌握	□用多种能源驱动小车，并能驱动 1 米及以上的距离。	□学会使用不同种能源驱动小车。	□能使用一种能源驱动小车。	

续表

维度	🚗🚗🚗	🚗🚗	🚗	自评
技能掌握	□能根据要求自主快速完成电能小车和风力小车动力大小影响因素的实验。	□能根据要求较好完成电能小车和风力小车动力大小影响因素的实验。	□在老师帮助下，才能完成电能小车和风力小车动力大小影响因素的实验。	
交往礼仪	□积极参与组内的交流讨论，大方表达自己的观点，表述完整，逻辑清晰。	□能参与组内的交流讨论，但表达不够清晰，不够大方。	□心不在焉，不参与组内交流讨论。	
	□在别人发言时能安静倾听，秩序意识强，懂得谦让。	□在别人发言时大部分时间能保持安静倾听，有一定秩序意识。	□不尊重他人，随意插嘴，没有秩序意识。	
总计				

　　自评后，专家组成员在自我推荐的基础上进行组内互评，各成员在自荐者象征专家身份的胸牌上贴星（见图5-5），组内投票得星数最高者获得"最佳设计师"称号。

图 5-5　专家身份胸牌

• **"最佳合作奖"评价方式**：通过指导教师投票和拼图组自评产生。

最佳合作奖借助小组合作评价量表（见表5-2），由项目指导教师对各组学习活动全程的观察记录进行投票，同时结合拼图组自评结果产生。依托评价量表，前置合作评价，能促进学生参照规则具身实践，通过"倾听与回应""分工与合作""表达与展示"和同伴积极互动，进一步为有效合作赋能。

表5-2　小组合作评价量表

维度	🚗🚗🚗	🚗🚗	🚗	自评
倾听与回应	☐在别人发表意见的时候表现出积极倾听的姿态，用点头、微笑、眼神接触等表明自己对倾听内容的理解。	☐在别人发表意见的时候安静倾听，目光基本注视着说话者。	☐在别人发表意见的时候做自己的事情，眼神飘忽不定（包括发呆、走神等），表现出冷漠或心不在焉的样子。	
	☐耐心地、鼓励式地听别人全部讲完，他人表达结束后，能适当鼓掌鼓励（2秒钟左右）。	☐耐心地听别人全部讲完，他人表达结束后，有鼓掌鼓励的意识，但鼓掌时间太长（3秒钟以上）或太短（2秒钟不到）。	☐在别人还没有讲完的时候插嘴或打断别人，他人表达结束后，没有鼓掌鼓励。	

续表

维度	🚗🚗🚗	🚗🚗	🚗	自评
倾听与回应	□仔细倾听别人的想法，并给出回应性的思考，回应表现为与他人的互动或对自己所做内容的修改，适合当下的情境。	□对别人所说的内容予以动作或口头上的回应。	□在没有听清别人讲话内容的情况下就匆忙回答。	
	□能欣赏别人的想法，与自己对比聚焦他人亮点（至少能说出他人的1—2个亮点）。	□有对比聚焦他人亮点的意识，但无法说出来。	□缺乏对比聚焦他人亮点的意识。	
分工与合作	□每个成员都有明确任务，任务分工合理，配合默契。	□每个成员都有明确任务，但任务难度存在明显差距，导致配合不够默契，提早完成者无所事事。	□有协作但个别成员没有任务，未能参与小组活动，游离在小组之外。	
	□面对任务跃跃欲试，热情投入并完成全部任务。	□不是积极主动，但是能按要求去做，完成任务。	□表现出退缩、消极甚至抗拒等，只按要求被动地做，依赖性强。	
	□具有团队合作精神，小组成员相互尊重，遇到困难或产生矛盾时，能主动与组员小声沟通交流，合作解决。	□能在小组合作中谦让有礼，遇到困难主动礼貌地请教他人，团结互助。	□基本做到在小组合作中团结有礼貌，但小组成员产生矛盾时，没有表现出礼貌和尊重。	

维度		🚗🚗🚗	🚗🚗	🚗	自评
表达与展示	组内个人表达	□积极参与组内交流，表述完整有条理，逻辑清晰，观点明确。	□能参与组内交流，但表述缺乏条理，逻辑不够清晰。	□较少参与组内交流，没有生成自己的观点，或者观点不明确。	
		□自信大方，口齿清晰、声音响亮。	□有点扭捏，不够大方，说话能听懂，但口齿不够清晰。	□说话含糊不清，不连贯，有很多停顿。	
		□语速自然，语气亲切。	□语速语调不自然，但不影响理解。	□语速语调不自然，影响理解。	
		□肢体语言恰当，能和组内成员保持眼神交流。	□肢体语言无明显不妥。	□心不在焉、僵化刻板，从不注视小组成员，有不恰当的肢体语言。	
		□语言生动、幽默，富有表现力。	□语言不够生动，表现力不强。	□陈述沉闷，无幽默和趣味可言。	
		□在规定时间内完成陈述。	□用时超过规定时间或太短。	□没有利用好时间，或者用时太多。	
	小组合作展示	□每个成员都有机会登台，分工合理。	□各成员分配的时间和内容不够均衡。	□陈述机会严重不均衡，以至于个别人成为主导。	

续表

维度		🚗🚗🚗	🚗🚗	🚗	自评
表达与展示	小组合作展示	□以非常大方得体的方式进行展示汇报，运用让人印象深刻、富有创造性的方式进行表达。	□流畅地表达观点，使用正确的语调，声音响亮，但仪态不够大方。	□不连贯，有很多停顿，所用的表达对听众来说不适合。	
		□大家围绕主题，次第展开，井然有序，陈述清晰。	□陈述有主题和方向，但条理性有所欠缺。	□陈述过程中没有表现出条理性或重点。	
		□分工合理，配合默契，衔接流畅。	□有协作，但配合不够默契。	□没有协作，各自呈现。	

● "最佳作品奖" 评价方式：通过产品终端测试、发布会作品展示与小组互评产生。

评选 "最佳作品奖" 会使用作品评价量表（见表5-3），各组对照评价量表进行产品终端测试，并在产品发布会上对作品设计理念进行阐述。各组结合产品测试的结果和设计理念进行投票，得票最高的拼图组所制作的产品获得 "最佳作品奖"。

基于学生实际、贴合真实情境、围绕驱动性问题、体现学生差异的指向拼图组产品发布的评价量表，除了发挥对终端产品的等级评定功能外，也发挥着触发思维、撬动表达的学习支架的作用。

拼图组内的小专家在各自的专家领域发挥作用，力求达到产品设计与制作的标准；学生在产品发布会上，会对照量表评价其他组的作品，也会寻找本组的不足；产品发布会上通过终端测试、成功验收的作品则更有机会被推荐为"最佳作品"——充分发挥了评价对学习的导向和促进功能。

表5-3　作品评价量表

维度	🚗🚗🚗	🚗🚗	🚗
动力设计	□以新能源为动力，驱动小车行驶1米。	□以新能源为动力，能驱动小车行驶，但不足1米。	□自主驱动小车有困难，但在老师的帮助下可基本驱动小车。
结构设计	□有足够空间能容纳两人和储物。	□有足够空间能容纳两人，但没有多余的储物空间。	□内部空间不足以容纳两人。
	□部分功能能够实现减少拥堵的目标。	□能通过改变车辆的外观或结构，体现减少拥堵的理念。	□在设计图中体现减少拥堵的理念，但未能完全在作品中体现出来。
	□设计的安全措施能有效保护乘车人员的安全。	□对乘车人员采取一定程度的保护措施，但未达到保护效果。	□暂未考虑到乘车人员的安全问题。
外观设计	□外观使用防雨材料且顺利通过测试。	□外观使用防雨材料，经过测试后内部无大面积漏水。	□外观虽然使用防雨材料，但内部乘车人员被淋湿。

续表

维度	🚗🚗🚗	🚗🚗	🚗
外观设计	☐可承受 2 级及以上电风扇风力。	☐可承受 1 级电风扇风力。	☐在 1 级电风扇风力吹动下，无法正常行驶。
	☐外观设计能体现使用需求、减少风阻、安全性、舒适度、美观度、品牌文化中的至少 4 种要素。	☐外观设计能体现使用需求、减少风阻、安全性、舒适度、美观度、品牌文化中的 3 种要素。	☐外观设计能体现使用需求、减少风阻、安全性、舒适度、美观度、品牌文化中的 1—2 种要素。
品牌推广	☐有明确的品牌名称，能以自己的方式解读品牌文化，并根据品牌文化设计车标。	☐有明确的品牌名称，但对品牌文化的解读不够清晰，设计的车标与品牌文化不符。	☐有明确的品牌名称，完成了车标设计，但没有具体的品牌文化。
	☐设计车标时能运用设计元素，及 2 种以上小提示和小创意。	☐设计车标时能运用设计元素，及 1—2 种小提示和小创意。	☐设计车标时能运用设计元素，没有运用小提示和小创意。
成本精算	☐对应选择的车型及适用人群，具备相应的性能。	☐所选车型具备的性能，能满足适用人群的一部分需求。	☐所选车型、适用人群与小车性能不匹配。
	☐能根据需要的汽车性能，合理分配汽车各部分的预算，具有较高性价比。	☐能根据需要的汽车性能，合理分配汽车各部分的预算，但没有考虑性价比。	☐能根据需要的汽车性能完成汽车各部分的预算，但分配不合理。
总计			

📝 **任务**：请根据下列设计步骤，结合某一具体主题设计一份评价量表，做到评价维度和评价等级清晰、文字描述精准。

第一步：你想设计一份什么类型的评价量表？

☐ 指向拼图组分享的评价量表（如"最佳作品奖"的评价量表）

☐ 指向专家组学习的评价量表（如各个专家组学习的评价量表）

☐ 指向合作学习效能的评价量表（如"最佳合作奖"的评价量表）

第二步：你想从哪几个方面对学生进行评价？

温馨提示：列出与这个评价量表类型最相关的一些目标，选择 4—6 个重点评价内容。设定目标时尽量不用如"知道""理解"这种不容易被测量的词，需将其替换成可被评价的条目，例如代表学生行动的"做"。

第三步：确定合适的评价等级。

温馨提示：可以是数字，也可以是描述性的文字；建议分为 3—5 个等级。可以是"优秀""良好""合格""有待提高"这样明确的等级评定；也可以是"模范""熟练""新手""起步"这样更具鼓励性的描述。

第四步：匹配每个级别，写出准确的具体描述。

第五步：在评价量表模板中进行具体设计和细化，评价维度和评价等级可根据需要调整修改。

环节三：回顾项目历程

　　学后反思，是对项目化学习内容及过程的冷静思考，是有深度的、循序渐进的、促进自我发展的思考。学后反思是基于"评价"的评价，先前在课程不同阶段使用的评价量表，也成为学后反思的支架，有着完善学习过程的作用。

思考：本项目中，学生以"围围坐"的方式入项和出项，可观看项目化学习慕课 8-1 和 8-6。除视频所示方式外，还有哪些能让学生印象深刻的出项活动呢？

关键策略

◎反思指南——学习单提供思维方向

　　项目最后，教师借助学习单，引导学生从学习实践、学习过程和学习结果几个方面进行反思：学生对驱动性问题、核心任务再度思考；对合作学习，特别是拼图合作学习方式交流感受；对知识技能学习、产品设计制造总结梳理；针对经验与问题，谈一谈最满意之处、待改进之处。（见图 5-6、图 5-7）

这一周的学习，我觉得和以往最大的不同是：我学会了和同学们相互帮助，相互讨论对方，也学会了更多的知识，也认识了许多朋友。

这一周的学习，我觉得和以往最大的不同是：课变得越来越有趣、地利，同学们也更加喜欢这种课了，课上还有专家组学习，让我们得到了大量自学的机会，而且应用了ipad自学。

这一周的学习，我觉得和以往最大的不同是：大家采取不同班也能合作了，大家课上也不一样了，调换一大群人群一调度，但仍然保持原样。我们也用了ipad和耳机学习。

这一周的学习，我觉得和以往最大的不同是：这周最不同是：我们可以到不同的环境中去学习，还分为专家组和拼图组，专家组学到了知识还有相合作方法。

这一周的学习，我觉得和以往最大的不同是：现在，我们有了拼图组和专家组，让我们有了有趣的体验，在专家组里，我们通过制定学习目标，看视频学习，学习专属知识，回到拼图组，让我们的作品更完善。

这一周的学习，最不同的是：我们分为了拼图组和专家组，在拼图组，合作是最重要的，做出一个作品最需要，把想法拼起来，在专家组，我们可以学习许多有趣、有用的知识。我非常喜欢。

图 5-6 部分学生项目化学习的反思内容

图 5-7 项目化学习的反思板块

◎文化型支架——在轻松氛围中分享交流

项目反思是轻松愉悦的，学生可以边听音乐边书写；项目反思也是活泼生动的，学生可以围围坐依次发表感受，不受拘束。在项目反思的环节，我们鼓励分享、交流与倾听，每个学生都有发声的机会，在尊重、开放又多元的文化氛围下大胆表达对项目化学习的思考。

任务：请以表格的形式，设计一份简单的反思清单，让项目反思更有效。也可以针对本项目，提出 1—2 条改进建议。

拓展阅读

项目化学习的评价往往会成为项目进行过程中的痛点与难点，关于这部分内容，可阅读由教育科学出版社出版的夏雪梅博士的专著《项目化学习设计：学习素养视角下的国际与本土实践》中的部分章节：

（1）在项目开始时设计者就要非常清楚项目化学习最终的成果是什么。关于如何衡量项目化学习成果的设计质量？推荐阅读第 2 部分"项目化学习的设计"第 103—113 页，了解如何快速考查项目化学习成果设计的质量。

（2）项目化学习的评价是多元且丰富的。项目化学习要求设计者同时运用过程性和总结性评价策略及多元主体参与的评价方法来促进学生真正投入学习。怎样通过评价促进学生个人和团体的共同进步？推荐阅读第 2 部分"项目化学习的设计"第 114—122 页，了解项目化学习全程评价的具体要求。

延伸任务

请参照以下两张表格，选定合适的项目评价内容（可以是已开展过的项目，也可以是一个全新的项目），尝试设计一个项目化学习评价任务。

表 5-4　项目化学习评价类型（夏雪梅，2018）[115]

评价目标	评价方法与工具	评价者
核心知识	评价量表 表现性任务	教师
学习实践	评价量表 档案袋	学生自己 同伴 教师

续表

评价目标	评价方法与工具	评价者
学习过程中的成果	评价量表、KWL 表等 档案袋	学生自己 同伴 教师
最终学习成果	公开展览与汇报 指向核心概念、成果质量、成果报告的评价量表 对比性的概念图、KWL 表等	学生自己 同伴 教师 外部相关专家 公众

表 5-5　四种类型的评价工具（张丰，2020）[6]

维度	类型	内容	工具举例
项目	对项目结果的评价	关注学生最后完成项目的情况，即学生完成的项目"作品"或"表现"	作品评价表、演讲评价表等
	对项目过程的评价	关注项目进度情况、项目化学习问题的解决情况	项目进度表、核心问题概念图等
学习者	对学生个人学习的评价	关注学生个人在学习过程中的进展，包括学习、元认知等方面的发展	研究日志、个人成长日志、创新品质测评表等
	对学生小组学习的评价	关注学生小组的合作情况和效果	小组合作评价量表等

设计步骤

第一步：你想选择"项目"还是"学习者"作为你的评价维度？

☐ 评价维度：项目

☐ 评价维度：学习者

第二步：你选择的评价类型是什么？

• 评价维度：项目

　评价类型：☐ 对项目结果的评价

　　　　　　☐ 对项目过程的评价

• 评价维度：学习者

　评价类型：☐ 对学生个人学习的评价

　　　　　　☐ 对学生小组学习的评价

第三步：你选择的具体评价目标是：＿＿＿＿＿＿＿＿＿＿＿＿＿＿＿＿＿＿。

第四步：你选择的评价方法与工具有：＿＿＿＿＿＿＿＿＿＿＿＿＿＿＿，

评价者是：＿＿＿＿＿＿＿＿＿。

第五步：请依照上述选择，借助表5-6设计评价任务，阐明评价标准。

表 5-6　评价量表示例

活动名称				
评价目标	1. 2. ……			
任务描述				
场地布置				
维度	等级			
	优秀	良好	合格	有待提高
评价维度 1	□条目 A 等级 1 的具体描述 □条目 B 等级 1 的具体描述 ……	□条目 A 等级 2 的具体描述 □条目 B 等级 2 的具体描述 ……	□条目 A 等级 3 的具体描述 □条目 B 等级 3 的具体描述 ……	□条目 A 等级 4 的具体描述 □条目 B 等级 4 的具体描述 ……
评价维度 2	同"评价维度 1"	……	……	……
评价维度 3	同"评价维度 1"	……	……	……

参考文献

高潇怡，喻娅妮，2020．关注项目式学习中的驱动性问题［J］．中国教师（7）：51–53.

胡佳怡，2019．基于设计思维的项目式学习教学设计研究［J］．基础教育参考（14）：3–5.

黄娟，傅霖，2010．切块拼接法（Jigsaw）：一种行之有效的协作学习方式［J］．电化教育研究（5）：98–102.

夏雪梅，2018．项目化学习设计：学习素养视角下的国际与本土实践［M］．北京：教育科学出版社．

项臻宇，2019．探究生活问题，培养设计思维［J］．上海课程教学研究（6）：17–19.

张丰，2020．重新定义学习：项目化学习15例［M］．北京：教育科学出版社．